L'imagerie Milan
petite enfance

Le cirque

texte de
Stéphanie Ledu

illustrations de
Christian Guibbaud
Mélisande Luthringer
Julie Mercier
Cristian Turdera

MILAN

Le sommaire

La vie du cirque 6

Avant le spectacle 26

En piste ! 40

Cirques d'autrefois et d'ailleurs 66

Pages mémoire

écrire — Tous les noms de cette imagerie sont présentés avec leur article défini. Pour aider votre enfant à mieux appréhender la nature des mots, les verbes et les actions sont signalés par un cartouche.

? — Pour vérifier les acquis et permettre à votre enfant de s'évaluer, une double page « Voyons voir… » est présente à la fin de chaque grande partie.

Les « Pages mémoire » en fin d'ouvrage présentent un récapitulatif de savoirs fondamentaux.

Ab — Retrouvez rapidement le mot que vous cherchez grâce à l'index en fin d'ouvrage.

En bas de chaque planche se trouvent des renvois vers d'autres pages traitant d'un sujet complémentaire. Ainsi, vous pouvez varier l'ordre de lecture et mieux mettre en relation les savoirs.

CIRQUE

La vie du cirque

L'arrivée du cirque

Depuis plusieurs jours, des affiches annoncent la venue du cirque en ville. Voici le défilé des camions !

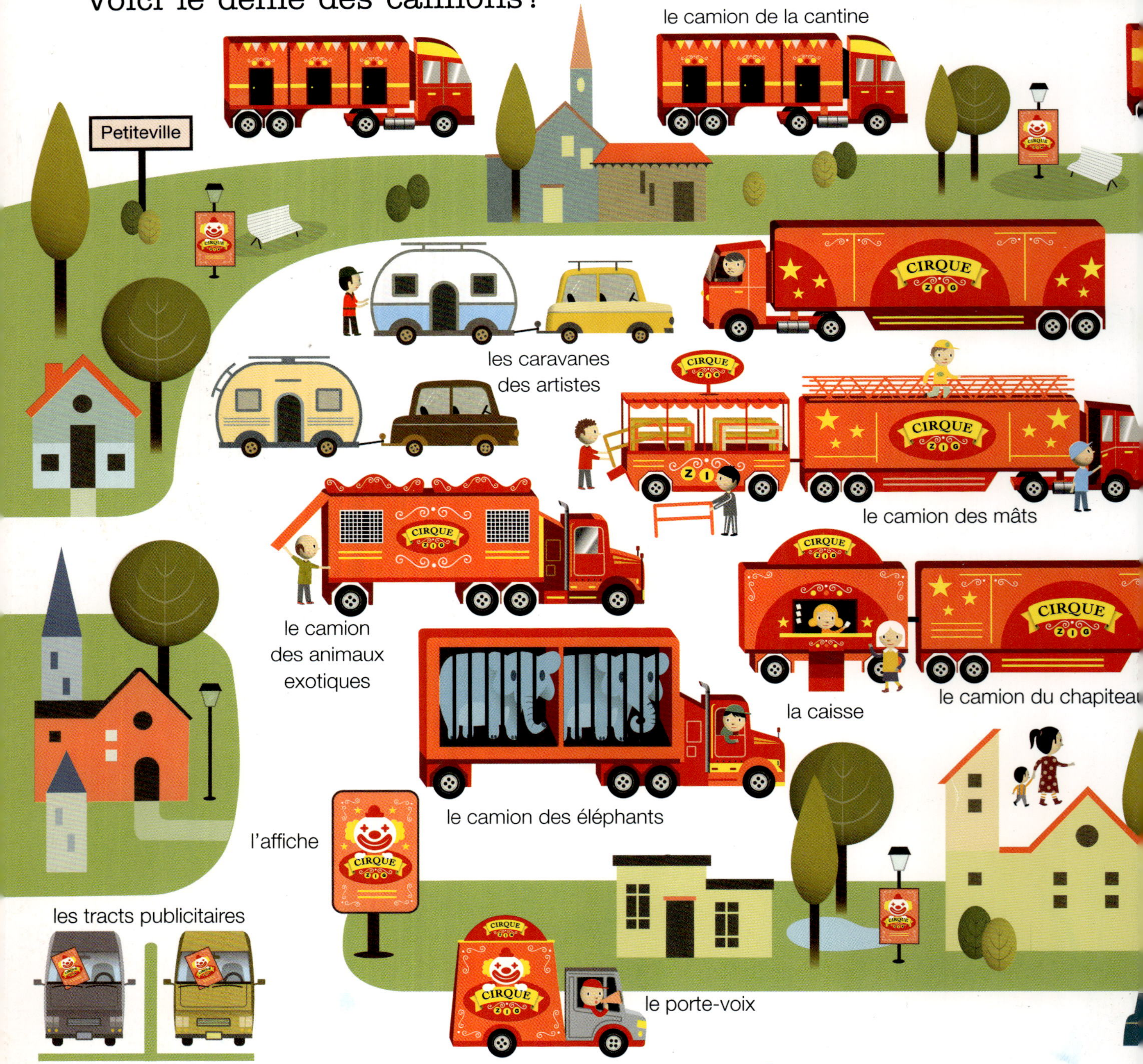

Le cirque peut-il s'installer où il veut ?

Pour transporter le chapiteau et les animaux, il faut plein de gros camions. Le cirque a besoin de place pour s'installer !

Avant la tournée, le directeur du cirque téléphone aux villes : « Avez-vous un endroit assez grand pour nous accueillir ? »

Sur la grande place, les camions se rangent toujours de la même façon. Regarde : le cirque ressemble à un petit village...

Le cirque monté **12**
L'univers du cirque **84**

Le montage du chapiteau

Chaque fois que le cirque arrive dans une ville, il faut monter le chapiteau. Vite, les techniciens se mettent au travail !

dessiner le cercle du chapiteau

planter les pinces

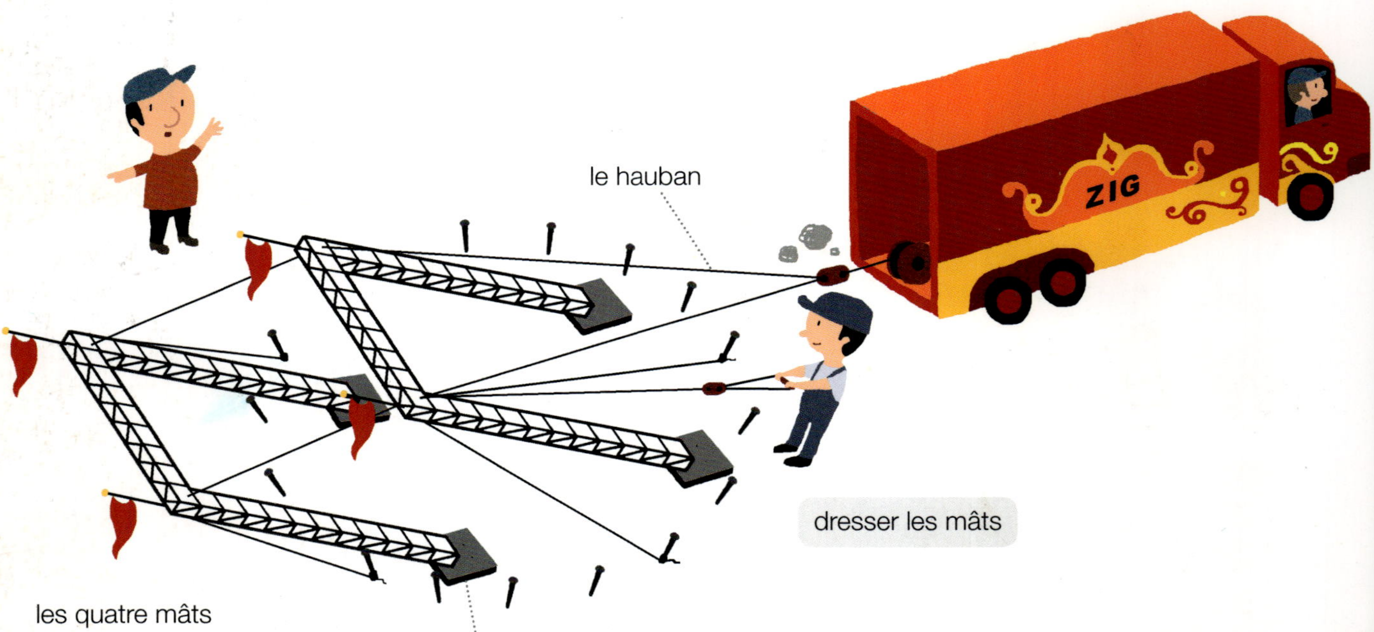

dresser les mâts

lever et tendre la toile

lacer
le chapiteau

fixer la toile
d'entourage

installer les mâts
de pourtour

Est-ce que tous les chapiteaux sont de la même couleur ?

Chaque cirque a choisi une, deux ou trois couleurs pour son chapiteau et la peinture de ses véhicules.

Les plus utilisées sont le rouge, le jaune, le bleu et le blanc. Un cirque marron ou gris, ça n'existe pas !

Le chapiteau a des rayures et des couleurs vives pour être vu de loin. C'est aussi très gai et cela donne envie d'y aller.

Le cirque monté **12**
Sous le chapiteau **14**

Le cirque monté

Le chapiteau est installé et tous les camions ont trouvé leur place. À l'extérieur, tout est prêt !

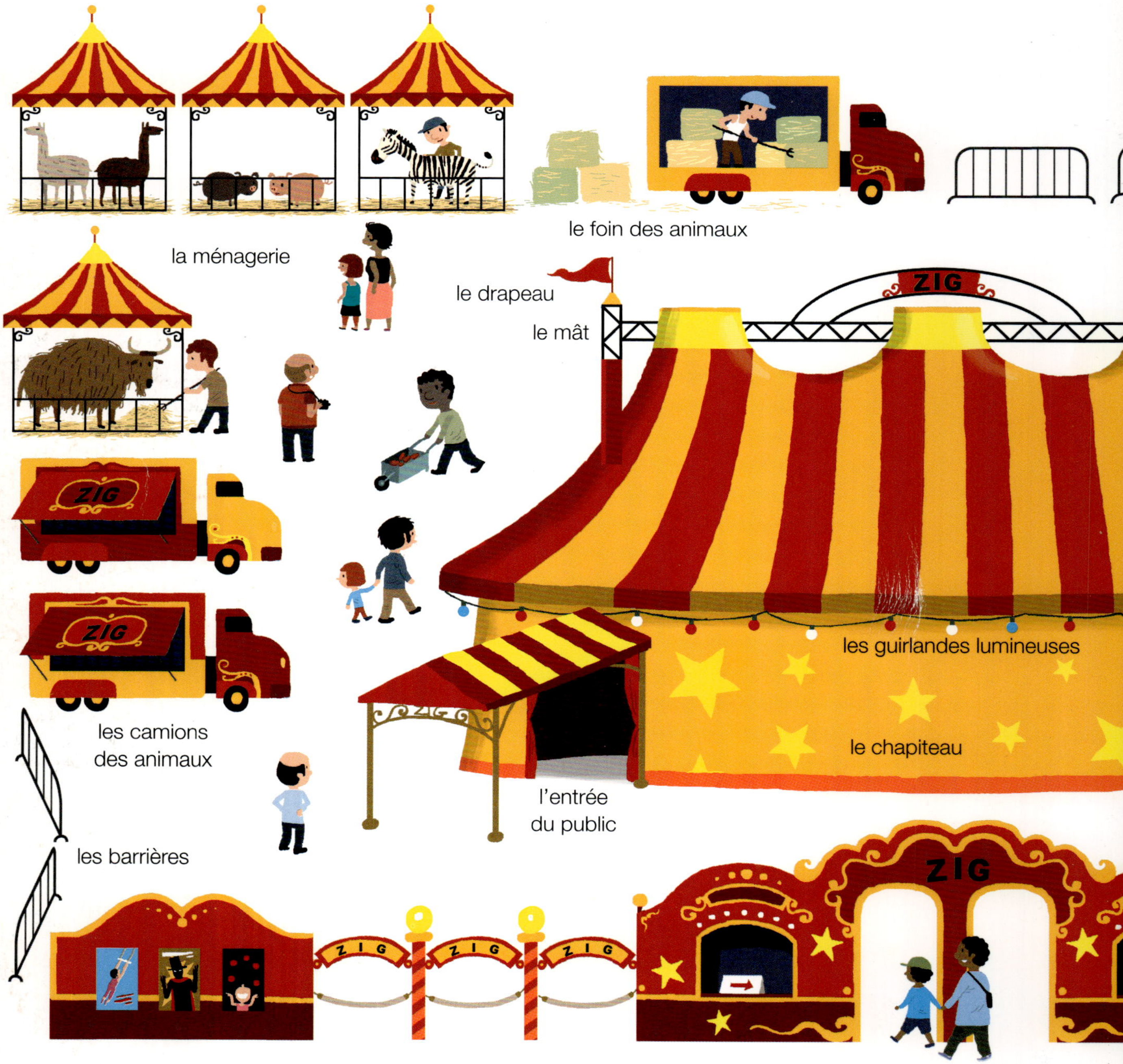

Combien
de jours le cirque va-t-il rester ?

Les cirques se promènent de ville en ville : ils voyagent tout le temps. On dit qu'ils sont en « tournée ».

Souvent, les petits cirques ne restent qu'une journée en ville. Les grands, eux, s'installent pour plusieurs jours.

Chaque saison, la tournée du cirque est différente. Mais avec un peu de chance tu pourras le revoir l'année prochaine !

Le montage du chapiteau **10**
Aller au cirque **36**

Sous le chapiteau

Une fois le chapiteau monté, les techniciens doivent s'occuper de l'intérieur.

Qu'est-ce qu'on étale sur la piste ?

Sur la piste il y a de petits morceaux de bois partout : c'est de la sciure. Elle rend la piste toute blanche et bien propre !

Elle absorbe surtout le pipi des animaux pendant les numéros. Après, il suffit de ramasser la sciure mouillée et de la jeter.

La sciure est aussi un peu élastique. Pour le clown qui doit faire semblant de tomber, la chute est moins rude !

Le cirque monté 12
Que le spectacle commence ! 42

La ménagerie

Avant d'aller voir le spectacle, on peut visiter la ménagerie. C'est comme un minizoo !

Est-ce que tous les animaux participent au spectacle ?

Certains animaux peuvent être dressés pour faire des numéros devant le public : les éléphants, les chevaux, les fauves…

Mais d'autres animaux, comme les yacks ou les babouins, sont juste là pour être admirés par les visiteurs de la ménagerie.

Pourquoi ? Parce qu'ils sont moins obéissants, pas très agiles ou trop sauvages… On a quand même plaisir à les voir de près !

Le cirque monté 12
Les soins aux animaux 30

Les métiers du cirque

Au cirque, il y a bien sûr des artistes... mais, pour faire fonctionner cette entreprise, il faut beaucoup d'autres personnes !

la costumière

les soigneurs

les afficheurs

les caissiers

le mécanicien

la vendeuse de friandises

la secrétaire

le comptable

Comment peux-tu faire pour travailler au cirque ?

Les costumes, le chapiteau, les animaux... le cirque fait rêver ! Tu as peut-être même envie d'en faire partie...

Quand on naît dans une famille d'artistes, c'est facile. On aide ses parents, on les regarde et on choisit sa discipline.

Pour les enfants qui n'ont pas cette chance, il existe des écoles de cirque pour devenir un jour techniciens ou artistes.

Les vacances du cirque **22**

Les enfants du cirque

Quand les parents travaillent au cirque, leurs enfants y grandissent ! Leur vie n'est pas tout à fait la même que la tienne.

habiter dans une caravane

vivre avec la troupe

aller en classe dans un camion

voyager toute l'année

aider les adultes

s'entraîner depuis tout petit

vivre avec des animaux exotiques

présenter un numéro

être fier de grandir au cirque

Est-ce que l'école au cirque est différente des autres ?

L'école des enfants du cirque ne ressemble pas à la tienne. Ils suivent la classe dans la remorque d'un camion.

Il y a une seule maîtresse pour tous les enfants. Chacun suit le programme qui correspond à son âge.

À la récréation, les artistes en herbe filent répéter leur numéro sous le chapiteau avant de revenir lire et compter !

L'école du cirque **80**

Les vacances du cirque

Chaque année, le cirque arrête sa tournée quelques semaines. Mais pendant cette pause il se passe beaucoup de choses…

préparer les nouveaux numéros

choisir le nouvel éclairage

répéter la nouvelle musique

créer les nouveaux costumes

Est-ce que tu peux voir le cirque quand il est en vacances ?

Chaque année, pendant plusieurs semaines, le cirque s'installe sur un terrain qui lui appartient. Ce sont les vacances !

Il y a de grands enclos pour les animaux, des hangars pour réparer les véhicules… mais, désolé, entrée interdite !

Un seul cirque se visite : il s'installe la moitié de l'année dans le Sud. Tu peux assister à des répétitions et à des ateliers.

Les métiers du cirque **18**

Voyons voir...

Sais-tu à quoi servent ces véhicules ?

Peux-tu nommer ces éléments du cirque ?

Peux-tu décrire ce qui se passe dans ces scènes ? Sais-tu pourquoi les personnages font cela ?

Avec ton doigt, relie chaque animal à son nom.

le yack

le singe

le zèbre

Sais-tu comment on appelle l'ensemble des artistes du cirque?

Au cirque, il y a beaucoup de choses à faire :
monter le chapiteau, s'occuper des animaux, réaliser des numéros...
Sais-tu ce que fait chacun de ces personnages?
Et toi, si tu travaillais au cirque, lequel de ces métiers aimerais-tu faire?

Avant le spectacle

Le travail des artistes

Les artistes de cirque sont de vrais sportifs.
Ils s'entraînent tous les jours et doivent
avoir une vie très équilibrée !

dormir assez

manger équilibré

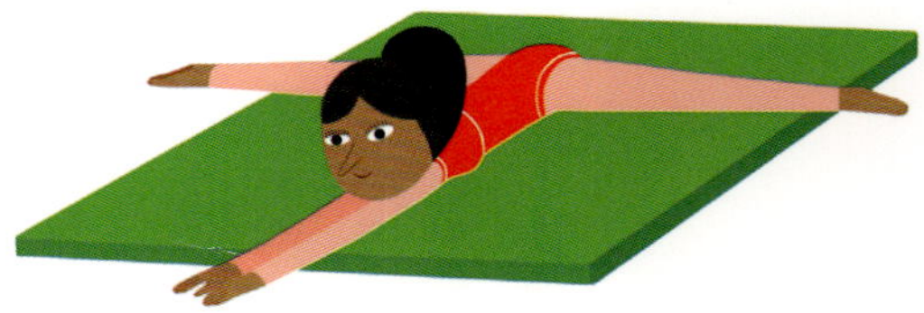

entretenir sa souplesse

faire de la musculation

travailler son équilibre

travailler son expression

répéter son numéro

améliorer son numéro

prendre soin de ses affaires

soigner ses bobos

se concentrer

s'échauffer

Est-ce qu'on est artiste de cirque toute sa vie ?

Tu as remarqué ? Il n'y a pas de vieux trapézistes. Avec l'âge, on est moins fort et moins souple.

Être clown demande moins d'efforts physiques. Il travaille au cirque beaucoup plus longtemps qu'un trapéziste.

Mais à la fin de leur carrière les artistes peuvent choisir d'enseigner à l'école du cirque pour transmettre leur passion !

Les métiers du cirque **18**
En coulisses **34**

Les soins aux animaux

Pour que les animaux soient heureux, les soigneurs et les dresseurs s'occupent beaucoup d'eux.

Est-ce qu'il y a un vétérinaire au cirque ?

Si ton chat ou ton chien est malade, tes parents et toi l'amenez chez le docteur des animaux : le vétérinaire.

Et si le lion a un rhume ? C'est son dresseur qui le soigne, il connaît les médicaments pour les petites maladies.

Mais, si un animal du cirque doit être opéré, on le conduit chez un vétérinaire spécialiste des animaux sauvages.

La ménagerie **16**

Le dressage des animaux

Dresser un animal, c'est lui apprendre
à faire des tours. C'est long et difficile,
mais le dresseur sait comment s'y prendre.

habituer les petits aux hommes

observer le caractère de chaque animal

tout savoir sur l'animal

répéter longtemps le numéro

employer le même mot

employer le même geste

ne pas avoir peur

être prudent

savoir se faire obéir

être très patient

donner des récompenses

habituer l'animal au costume

habituer l'animal au bruit

Est-ce que le dresseur punit les animaux ?

De nombreuses personnes pensent que, pour dresser les animaux, on utilise la force. C'est complètement faux !

Le dresseur aime ses animaux. Il s'en occupe, les chouchoute… exactement comme toi avec ton chien ou ton chat.

Le dresseur sait aussi que, s'il essayait de punir un lion ou un éléphant, il ne serait pas le plus fort et risquerait d'être attaqué !

La ménagerie **16**
Les soins aux animaux **30**

En coulisses

Les numéros sont au point ! Dans les coulisses, les artistes finissent de se préparer. Le spectacle va bientôt commencer.

Est-ce que les artistes ont le trac ?

Avant de faire un spectacle devant des gens, tu as peut-être mal au ventre, tu n'as pas très envie d'y aller. C'est le trac.

Les artistes, eux, ont moins le trac, car ils sont habitués à faire leur numéro et ils sont très concentrés.

Mais, quand ils présentent un nouveau numéro, ils ont sans doute un peu peur… comme toi si tu chantes en public !

Le travail des artistes **28**
Que le spectacle commence ! **42**

Aller au cirque

C'est le grand soir ! Petits et grands sont impatients de découvrir le merveilleux spectacle du cirque.

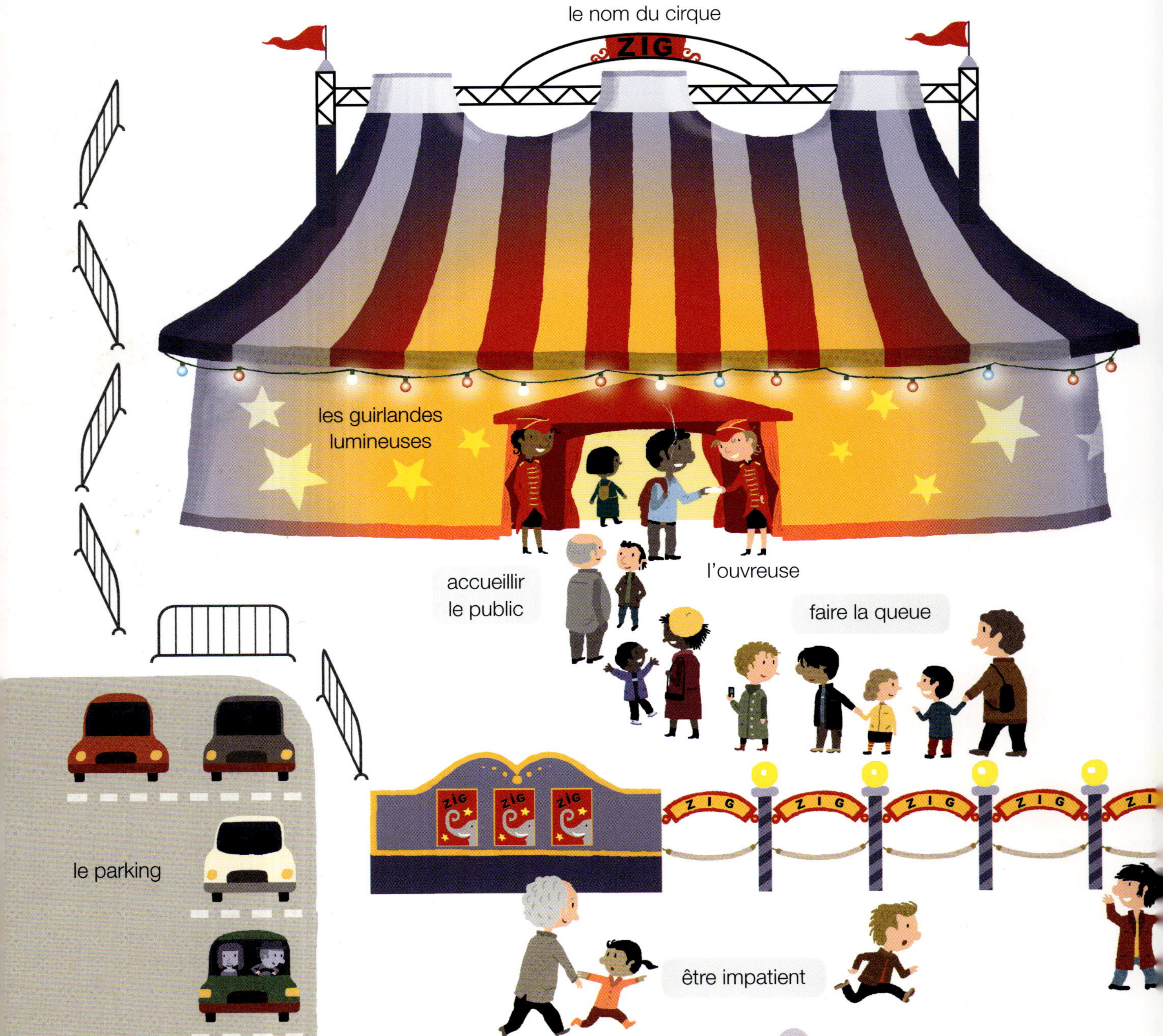

Est-ce que le spectacle a toujours lieu le soir ?

Aller au spectacle quand il fait nuit, c'est magique ! Mais, quand on a sommeil, on profite moins des numéros...

Heureusement, les gens du cirque pensent aux plus petits et proposent aussi des représentations l'après-midi.

Un grand cirque peut présenter son spectacle trois fois par jour. Et, d'après toi, qui sont les plus fatigués ? Les artistes !

Le cirque monté **12**
Que le spectacle commence ! **42**

Voyons voir...

Ces artistes échauffent leurs muscles avant le spectacle. Sais-tu pourquoi cela est important ? Connais-tu d'autres disciplines pour lesquelles il faut faire de même ?

Peux-tu décrire ce qui se passe dans chacune de ces scènes ?

D'après toi, pourquoi le dresseur donne-t-il de la viande au lion pendant les répétitions ?

Un intrus s'est glissé dans les coulisses. Le vois-tu ?

Les lumières du chapiteau sont allumées,
les gens se pressent pour entrer :
le spectacle va commencer.
Et toi, es-tu déjà allé au cirque ? Avec qui ?
Était-ce le soir ou la journée ?

En piste !

Que le spectacle commence !

Les spectateurs finissent de s'installer, les musiciens sont en place... Dans quelques minutes, monsieur Loyal va annoncer le premier numéro !

Que fait monsieur Loyal ?

Roulement de tambour : monsieur Loyal entre en piste pour annoncer le début de la représentation.

Tout au long du spectacle, il présente les numéros et veille à ce que tout se passe comme prévu.

Mais monsieur Loyal n'est pas seulement le maître de cérémonie, il joue aussi l'arbitre entre les clowns quand ils se disputent !

L'entracte 53
Le final 62

Les fauves

Les tigres et les lions sont des animaux sauvages très impressionnants. Pendant le numéro, on a un peu peur pour le dresseur...

s'asseoir à sa place

s'asseoir sur le dos

se dresser tous ensemble

faire des roulades

désobéir pour amuser le public

sauter par-dessus le dresseur

rugir
à la demande

sauter à travers
un cerceau

sauter par-dessus les autres

marcher à reculons

D'où viennent les fauves du cirque ?

Les fauves sont des animaux sauvages qui vivent très loin de chez toi : les lions en Afrique, et les tigres en Asie.

Il y a très longtemps, on allait les capturer dans la nature pour les dresser. Maintenant c'est interdit !

Tous les animaux du cirque sont nés en captivité. Si on les relâchait dans la nature, ils ne sauraient pas se débrouiller.

Le dressage des animaux **32**

Les jongleurs

Hop hop ! Les jongleurs lancent en l'air toutes sortes d'objets sans jamais les laisser tomber. Quelle adresse !

les balles

les anneaux

les torches enflammées

les chapeaux

les massues

Est-ce qu'on peut jongler avec n'importe quel objet ?

Pour apprendre à jongler, on commence avec des objets légers et faciles à prendre en main comme des balles.

Puis, en s'entraînant beaucoup, on devient de plus en plus adroit. On peut alors jongler avec des accessoires réservés au jonglage.

Quand on est un professionnel, tout est permis : les plumes, les ballons, et même les couteaux et les épées.

L'école du cirque 80

Les chevaux

Sur la piste, les chevaux en liberté semblent danser. Les voltigeurs, eux, font mille figures sur le dos de leurs montures !

Comment le dresseur choisit-il ses chevaux ?

La piste n'est pas très grande. Le dresseur choisit des chevaux assez petits. Ils doivent aussi être vifs et aimer jouer.

Pour que le numéro de cavalerie soit encore plus joli, le dresseur sélectionne des chevaux de même race et même couleur.

Pour les numéros de voltige, le cheval porte quelqu'un sur son dos et galope. Il doit être calme et ne pas craindre les chatouilles !

Le dressage des animaux **32**
Le théâtre équestre **72**

Les acrobates

Sur la piste comme dans les airs, les acrobates étonnent le public. Ces artistes sont très souples et ont un excellent équilibre.

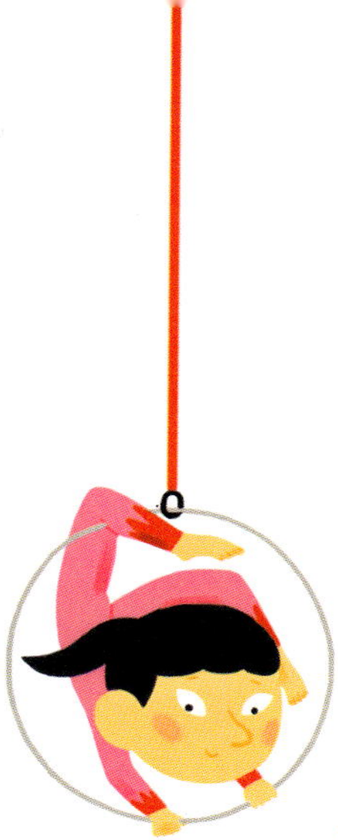

le cerceau aérien

les tissus aériens

la corde lisse

le saut périlleux

la bascule

le matelas

Comment les contorsionnistes font-ils pour plier autant leur corps ?

Tu as peut-être déjà essayé de toucher tes pieds avec tes mains, sans y arriver tout à fait… Parfois ça fait même un peu mal.

Certaines personnes sont naturellement souples et étirent leur corps sans avoir mal. C'est le cas des contorsionnistes.

Ils doivent quand même s'entraîner chaque jour, répéter leur numéro et s'échauffer longuement avant le spectacle.

Le cirque chinois **77**
Le nouveau cirque **78**

Sur un fil

Le fil-de-fériste marche, court et fait même des acrobaties sur un fil tendu en hauteur.

L'entracte

Entre les deux parties du spectacle, tout le monde profite d'une courte pause...

aller aux toilettes

demander un autographe

la barbe à papa

la boisson

aller à la buvette

faire un tour sur le dos de l'éléphant

Pourquoi y a-t-il un entracte ?

Une représentation de cirque est longue, et il y a tellement de choses à regarder que parfois tu peux te sentir un peu fatigué...

L'entracte dure le temps d'une récréation et permet de faire une petite pause. Après, on est plus attentif au spectacle.

Et les artistes ? Ils en profitent pour se détendre. Les monteurs, eux, installent tout le matériel pour la seconde partie du spectacle.

Aller au cirque **36**
Le cirque russe **76**

Les trapézistes

Tout là-haut dans les airs, ces artistes effectuent des sauts spectaculaires. Le public retient son souffle !

Pourquoi les trapézistes portent-ils des vêtements moulants ?

Tu as peut-être remarqué que les trapézistes portent des tenues près du corps, comme les justaucorps de gymnastique.

Pour réaliser de dangereuses acrobaties, il vaut mieux porter une tenue qui ne risque pas de rester accrochée au trapèze.

En plus, avec des vêtements moulants, on voit mieux les mouvements du corps. C'est plus joli à regarder !

Les étoiles du cirque 88

Les éléphants

Les pachydermes entrent d'un pas lourd.
Pourtant, malgré les apparences,
ces gros animaux ont un bon équilibre !

Est-ce que les éléphants sont faciles à dresser ?

Depuis toujours, en Asie, les éléphants travaillent avec les hommes. On les utilise pour porter des choses lourdes.

En général les éléphants d'Asie sont gentils. Les cirques choisissent des femelles parce qu'elles sont plus calmes que les mâles.

Les éléphants sont intelligents et se souviennent très bien de leur numéro. Connais-tu l'expression « avoir une mémoire d'éléphant »?

Les soins aux animaux **30**
Le dressage des animaux **32**

Les magiciens

Ces artistes font des tours si extraordinaires que l'on se demande si on n'a pas rêvé ! C'est cela, la magie !

faire apparaître un tigre

couper l'assistante en morceaux

changer de tenue

faire apparaître des animaux

faire flotter l'assistante dans les airs

s'évader

Comment fait le magicien ?

Un lapin qui sort d'un chapeau, l'assistante qui disparaît... c'est incroyable ! Le magicien a-t-il vraiment des pouvoirs ?

Pour chaque tour, il y a un truc que le magicien garde secret. Il s'entraîne beaucoup pour qu'on ne devine pas ses astuces.

Certaines sont connues. Pour le numéro de la femme coupée, l'assistante est en fait une contorsionniste avec des faux pieds !

Les étoiles du cirque 88

Les clowns

Le clown blanc est calme et sérieux, l'auguste au nez rouge est un pitre ! Avec ses gags, ce duo fait rire le public aux éclats.

faire semblant de balayer la sciure

jeter un seau de confettis sur le public

casser le miroir

imiter le clown blanc pour cacher sa bêtise

se faire démasquer

faire tomber son partenaire

promener un chien imaginaire

imiter les gestes pour se moquer

le violoncelle

la scie musicale

jouer d'un drôle d'instrument

le spectateur déguisé

dresser un faux fauve

Est-ce que tu peux devenir clown ?

Il t'arrive de faire des blagues pour amuser tes copains... C'est agréable de faire le clown et de faire rire les autres !

Être clown, ce n'est pas seulement faire le pitre. Il faut savoir faire plein de choses : jongler, jouer de la musique...

Parfois, il faut dresser des animaux. Pour être un vrai clown de cirque, tu devras être un artiste complet !

Les costumes des clowns **86**
Les expressions du cirque **90**

Le final

Le spectacle est terminé. Tous les artistes font un dernier tour de piste pour saluer et remercier le public.

Qu'est-ce qui se passe après la représentation ?

Le spectacle est fini : les enfants sortent du chapiteau, la tête remplie d'images. Cette nuit, ils vont faire de beaux rêves...

La journée se termine aussi pour les artistes : ils enlèvent leur costume, se démaquillent et rentrent dans leur caravane.

Vite, les techniciens se mettent au travail pour démonter et ranger le chapiteau. Demain, le cirque sera dans une autre ville.

Aller au cirque 36
Que le spectacle commence ! 42

Voyons voir...

Trois intrus se sont glissés dans l'orchestre. Vois-tu de quels objets il s'agit ?

Comment s'appellent ces animaux dressés pour le cirque ?
Parmi eux, lequel ne fait pas partie de la famille des félins ?

Avec ton doigt, relie chaque figure à son nom.

l'étendard   la poste hongroise   la voltige cosaque

Relie chacun de ces personnages à son accessoire.

Voici l'auguste et le clown blanc.
Qui fait le plus de bêtises ?

Pourquoi ces deux artistes
se penchent-elles en avant ?

Au cirque, on voit plein d'artistes.
Te souviens-tu des noms de ceux-ci ?
Quel numéro te fait le plus rêver ?

Cirques d'autrefois et d'ailleurs

Les jeux du cirque antique

À l'époque romaine, le peuple se pressait au cirque et à l'amphithéâtre pour regarder des spectacles souvent cruels !

Comment se déroulaient les jeux du cirque romains ?

Les jeux romains étaient organisés par l'empereur pour divertir son peuple. Cela ne ressemblait pas au cirque d'aujourd'hui.

Pendant des jours entiers, les jeux se succédaient à l'intérieur du cirque. C'était un bâtiment immense, sans chapiteau.

Si tu vas à Rome, tu peux visiter le Colisée, dans lequel avaient lieu des combats de gladiateurs. C'est impressionnant.

Les chevaux 48

Au Moyen Âge

Au temps des chevaliers, les saltimbanques parcouraient les routes pour montrer leurs numéros de foire en château.

Est-ce que les saltimbanques existent encore ?

Essaie de te souvenir : dans un grand marché ou une fête, tu as peut-être déjà aperçu un jongleur ou un cracheur de feu.

Dans certaines villes, il y a même chaque année un festival : pendant quelques jours, on peut y voir plein d'artistes de rue !

Il y a des numéros de cirque, mais aussi du théâtre ou de la danse… Et toi, que préfères-tu ?

Les jongleurs **46**
Les acrobates **50**

Le théâtre équestre

Il y a 250 ans environ, Philip Astley, un Anglais, montre des artistes sur une piste ronde. C'est de là que vient le cirque que tu connais !

Pourquoi la piste de cirque est-elle ronde ?

Si tu es allé plusieurs fois au cirque, tu as sans doute remarqué que la piste a toujours la même forme. Mais pourquoi ?

Le cavalier Philip Astley a remarqué que la forme ronde était la meilleure pour faire galoper des chevaux.

Il a aussi découvert qu'il fallait une taille de piste idéale pour faire ses numéros. C'est toujours la même aujourd'hui.

Les chevaux **48**

Le cirque américain

Le plus grand cirque du monde se trouve aux États-Unis. Il n'a pas de chapiteau et se produit dans d'immenses salles.

Combien faut-il de camions pour transporter le cirque américain ?

Pour déplacer ce cirque par la route, il faudrait des centaines de camions. Ce serait bien trop long et bien trop compliqué.

Alors il voyage avec son propre train. Il y a des wagons différents pour le matériel, les artistes et les animaux.

Entre la gare et la salle de spectacle, le matériel est transporté dans des camions. Les animaux, eux, vont à pied !

Le cirque monté 12

Le cirque russe

Il présente de nombreux numéros d'acrobatie et de dressage sur la glace. Le cirque russe est féerique !

Le cirque chinois

L'acrobatie est un art pratiqué depuis très longtemps en Chine. Ces artistes sont de grands gymnastes !

Est-ce que tu dois voyager pour voir des cirques étrangers ?

Pour assister à un spectacle de cirque chinois, tu n'es heureusement pas obligé d'aller en Chine !

Très souvent les grands cirques étrangers partent en tournée dans le monde entier, et peut-être même dans ta ville !

Il arrive aussi que les cirques de chez nous emploient des troupes étrangères. Elles sont parfois invitées à la télévision.

Les acrobates **50**
Sur un fil **52**

Le nouveau cirque

Les artistes de « nouveau cirque » inventent des spectacles qui changent du cirque que tu connais. Très souvent il n'y a plus de piste, plus d'animaux...

Pourquoi n'y a-t-il pas d'animaux dans le nouveau cirque ?

Dans les spectacles de cirque contemporain, il n'y a ni tigres, ni lions, ni éléphants. C'est un choix !

Ces cirques pensent que les animaux ne sont pas faits pour amuser le public et qu'ils sont plus heureux dans la nature.

Difficile de dire qui a raison. Dans ce cirque traditionnel, les tigres sont bien traités. Mais, une cage, c'est toujours trop petit…

La ménagerie 16

L'école du cirque

Tu as envie d'apprendre à jongler, à marcher sur un fil? Tu veux faire le clown? Alors rejoins vite l'école du cirque!

l'acrobatie au sol

la roulade

le cerceau

maîtriser son corps

le rolla-bolla

se surpasser

réussir

être aidé

la boule d'équilibre

la poutre

le fil

travailler son équilibre

utiliser le matériel

jongler

travailler son expression

Où peux-tu faire du cirque ?

Le mercredi après-midi, des clubs de loisirs proposent aux enfants de faire de la danse, du judo, du théâtre… ou encore du cirque.

Pour trouver un cours, tu peux chercher sur Internet ou te renseigner auprès du service jeunesse et sport de ta ville.

À l'école du cirque, on apprend le trapèze, la magie, l'art de faire le clown. Et toi, quelle discipline choisirais-tu ?

Les métiers du cirque **18**
Les enfants du cirque **20**

Voyons voir...

Entre ces deux scènes, trois éléments ont disparu. Les vois-tu ?

Que font ces artistes du Moyen Âge ?
Sais-tu si ces numéros existent toujours aujourd'hui ?

Montre avec ton doigt le cheval qui s'assied, le cheval qui marche élégamment et celui qui rapporte un accessoire.

Quel numéro appartient au cirque chinois ? Au cirque américain ? Au cirque russe ?

En quels animaux sont déguisés ces artistes de nouveau cirque ?

À l'école du cirque, on enseigne toutes sortes de disciplines.
Peux-tu dire à quoi s'entraînent ces enfants ?
Et toi, quel numéro aimerais-tu apprendre ?
Pourquoi ?

L'univers du cirque

la camionnette publicitaire

la caravane des artistes

la ménagerie

le chapiteau

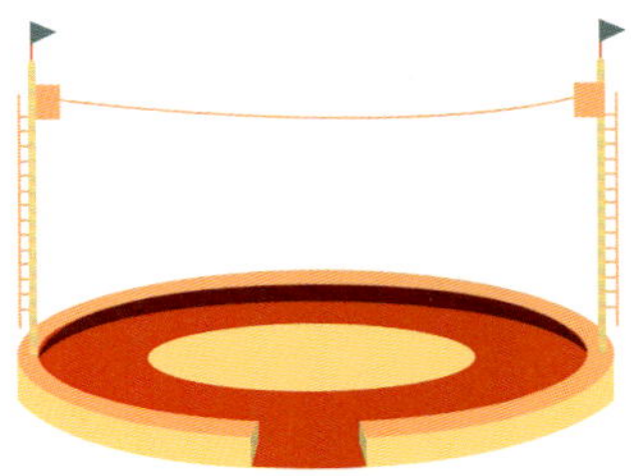
la piste

les gradins

l'affiche du cirque

le billet d'entrée

le programme du spectacle

la barbe à papa

la buvette

le directeur

monsieur Loyal

l'orchestre

le dresseur

le jongleur

les acrobates

le fil-de-fériste

la trapéziste

le magicien

l'assistante

l'auguste

le clown blanc

le lion

le tigre

l'éléphant

l'otarie

le cheval

le salut

Les costumes des clowns

l'auguste

le clown blanc

Les étoiles du cirque

Harry Houdini

Grock

Lou Jacobs

Alexis Gruss

Achille Zavatta

Roger Lanzac

Rolf Knie

Ursula Böttcher

Annie Fratellini

les Flying Wallendas

les Flying Vazquez

Émilien Bouglione

Gipsy Gruss

Sergio

Bartabas

Frédéric Edelstein

Roger Falck

Les expressions du cirque

en faire tout un cirque

faire un caprice
pour une petite chose

faire son numéro

se donner
en spectacle

faire le clown

faire le pitre
pour faire rire les autres

avoir une bille de clown

avoir un visage
amusant

être habillé comme un clown

être habillé avec
des vêtements
mal assortis

entrer en piste

commencer quelque chose
en public

travailler sans filet

prendre
des risques

être comme un lion en cage

être impatient

entrer dans la cage aux fauves

entrer dans un lieu
où on ne se sent pas très bien

Ab L'index

R

S

T

V

Y

Z